NWA EWỤ

Aghịrịgha

The Adventurous Kid

Scribble City
PUBLICATIONS

Mazị Ụka nwere ugbo anụmanụ. N'ugbo ahụ, mazị Ụka
nwere ehi, atụrụ, ezi,
nwamba, nwa nkịta, ọkụkọ, ọbọgwụ na nwa ewu. Nwa ewu
ahụ dị gara gara,
dịrịkwa aghịrịgha, ma hụkwa egwuregwu n'anya.

Mr Uka had a large farm. On his farm, Mr Uka had
cows, sheep, pigs, cats, a dog, chickens,
some ducks and a kid. The kid was lively, adventurous
and loved to play.

Otu ụbọchị, nwa ewu nọ na-akpaghariị n'ugbo, na-egwu egwu mgbe ọ hụrụ ebe ọkụkọ na-efeli elu. Ọ tụrụ nwa ewu n'anya. O nwee mmasị ifeli elu dịka ọkụkọ.

One day, the kid was playing on the farm when he saw a chicken fly. The kid was surprised.
He wished he could fly just like the chicken.

Nwa ewu gakwuru ọkụkọ ahụ, jụọ ya sị,
"I nwere ike ikuziri m ka esi efeli elu?"
"Ewu enweghị ike ifeli elu," ka ọkụkọ zara ya.

So, the kid went to the chicken and asked,
"Can you teach me how to fly?"
"Goats can't fly!" replied the surprised chicken.

8

9

Nwa ewu guzoro na-ele ka ọkụkọ si na-efeli elu na-efeda. Ọ ghọtaghị ihe mere
ọkụkọ jiri sị na ewu enweghị ike ifeli elu.

The kid watched with excitement as the chicken flew about.
He could not understand why the chicken said
goats couldn't fly.

11

Nwa ewu gwuru egwu pụwa. O rutere ebe ọbọgwụ na-egwu mmiri.
"Hmmmm ọ ga-amakwa mma igwu mmiri,"ka o chere.

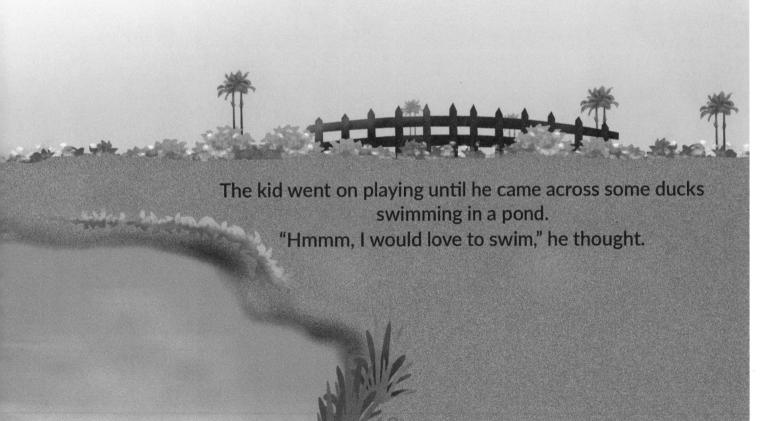

The kid went on playing until he came across some ducks swimming in a pond.
"Hmmm, I would love to swim," he thought.

13

O wee gakwuru ọbọgwụ ebe ha nọ na-egwu mmiri, jụọ ha
sị
"Unu nwere ike ikuziri m ka esi egwu mmiri?"
"Ewu enweghị ike igwu mmiri," ka nne ọbọgwụ zara ya, ebe
ụmụ ya na-achị ọchị.

So, he went to stand at the edge of the
pond.
"Can you teach me how to swim?"
He asked the ducks.
"Goats can't swim," the mother duck replied
as the ducklings quacked in laughter.

Nwa ewu bidoro tụgharịwa uche n'ihe kpatara na ewu enweghị ike igwu mmiri. "O nwere ihe mere m? Gịnị mere enweghị m ike ifeli elu dịka ọkụkọ maọbụ gwuo mmiri dịka ọbọgwu?" Ọ gbagwojuru ya anya. O wee jee n'ukwu osisi ka o zuo ike. Ebe ahụ ka ọ nọ rahụ ụra.

The kid began to wonder why goats could not swim.
"Is there something wrong with me?
How can I not fly like the chicken or swim like the duck?" It confused him. So he went to rest under a tree
and there, he fell asleep.

17

Nwa ewu nọ n'ụra mgbe ọ nụrụ ka nkịta na-agbọ ụja
'Wom! Wom! Wom!'
"Ị nụkwa nnukwu ụzụ nke a!" ka o chere.

The kid was not asleep for long when he heard a dog
barking.
'Woof! Woof! Woof!'
"Wow! What a loud sound?" He thought.

O biliri gakwuru nkịta ahụ, juọ ya sị "I nwere ike ikuziri m
ka i si eme ụzụ ahụ?"
"Ewu enweghị ike ịgbọ ụja," ka nkịta zara ya

So he went to the dog and asked, "Could you teach me how to
make that sound just like you?"
"Goats can't bark!" replied the surprised dog.

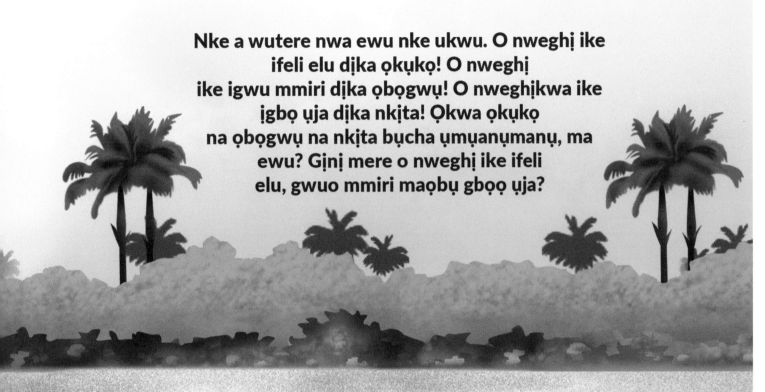

Nke a wutere nwa ewu nke ukwu. O nweghị ike
ifeli elu dịka ọkụkọ! O nweghị
ike igwu mmiri dịka ọbọgwụ! O nweghịkwa ike
ịgbọ ụja dịka nkịta! Ọkwa ọkụkọ
na ọbọgwụ na nkịta bụcha ụmụanụmanụ, ma
ewu? Gịnị mere o nweghị ike ifeli
elu, gwuo mmiri maọbụ gbọọ ụja?

The kid was sad. He could not fly just like the chicken!
He could not swim just like the ducks!
He could not also bark just like a dog! After all, a chicken, a
duck
and a dog are animals and a goat is an animal!
Why oh why could he not fly, swim or bark!

22

23

Nwa obere oge, nwa ewu hụrụ nwamba ebe ọ na-arị
elu osisi. Ọzọkwa, o nwee
obi ańụrị. "Ọ ga-atọkwa ụtọ ịrị elu osisi," ka o chere.
Nwa ewu ajụghị ajụjụ na nke a. Ọ wụgoro n'elu osisi
ahụ, nwaa ịrị ya. Ọ nwaa ya,
nwakwa ya ọzọ.
O tie, "ewoo! Enwere m ike ịrị elu osisi!"

After a short while, he saw a cat climbing up the tree.
Once again the kid became excited.
"It would be fun to climb the tree!" He said.
But this time, the kid didn't ask. He hopped on the
tree and tried to climb. He tried again and again.
"Wow! I can climb!" He shouted in excitement.

Nke a mere nwa ewu obi ọma. O wee kpebie na ọ
gaghịkwa asị ụmụanụmanụ ndi
ọzọ kuziere ya ka e si eme ihe ọbụla. Ọ ga na-anwazi
N'AKA YA.

The kid felt so good. He decided he would never again
ask
the other animals to teach him
how to do anything. He was going to just try it,
all by HIMSELF.

Nwa ewu rịchara elu osisi, wee gaa n'ebe ọbọgwụ ndị
ahụ nọ na-egwu mmiri.
Mana ọbọgwụ ndi ahụ anọkwaghị ebe ahụ. Tabuuum!!!
Ọ wụba n'ime mmiri,
malite igwu mmiri.
"Ewo! Enwere m ike igwu mmiri o!" Ka o tiri.

The kid was done climbing the tree and went back
to the pond where the ducks were swimming.
But the ducks were no longer there.
Splash!!! He jumped into the water and began to
swim.
"Wow! I can swim too!" he shouted.

29

Nwa ewu siri na mmiri pụta, obi atọọ ya ezigbo ụtọ. "Ewu
nwere ike iri elu. Ewu
nwekwara ike igwu mmiri. Hmmm...o nwere ike ewu na efeli
elu dịka ọkụkọ", ka
o chere.
O wee gaghachi ebe ọkụkọ nọ.

The kid was so pleased with himself as he
climbed out of the pond.
"A goat can climb and swim. Maybe a goat can
also fly like the chicken", he thought.
So he went back to the chickens.

Nwa ewu lere ha anya, hụ na ha nwere sọ ụkwụ abụọ. O jere ha kwụrụ sọ n'ụkwụ
ya abụọ. Ọ bịa wulie elu, wụdata n'ụkwụ ya anọ. Nwa ewu emee ya ọzọ, meekwaa
ya ọzọ.
"Ewo! Enwere m ike iwuli elu. Ewu enweghị ike ifeli elu dịka ọkụkọ mana o
nwere ike iwuli elu." Nke a tọrọ ya ezigbo ụtọ.

He watched them and saw that they had just two legs.
So he copied them by standing on just two legs. Then he leaped
into the air, and landed on all four legs.
The kid did it! Again and again he leaped into the air.
"Hey! I can hop!"
A goat may not fly like the chicken but it can sure hop.
This made him very happy.

33

N'obi ụtọ, nwa ewu gakwuru nkịta, sị ya, "Achọrọ m
ịhụ ka i si agbọ ụja." Nkịta
agbọọ ụja, "Woom! Woom! Woom!" Nwa ewu na-
ele ya. Nwa ewu mepere ọnụ ya
ka ọ gbọọ ụja, ihe ọ nụrụ si ya n'ọnụ pụta bụ
"kpeeee" "kpeeee."

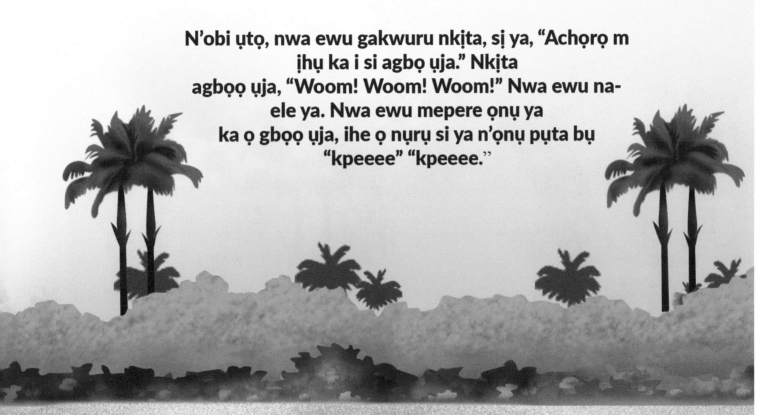

Excitedly, the kid went to the dog and this time
he said to the dog, "I would like to watch you bark".
So the dog barked, "Woof! Woof! Woof!"
The kid watched her. Then the kid opened his mouth to
bark,
"Baaaa" "Baaa" was the sound he made.

35

"Ewo! Enwere m ike ime ụzụ!" Nke a tọrọ nwa ewu
ezigbo ụtọ.
"Enwere m ike ime kpeee!" ka o tiri.
O mee ya ọzọ, mekwa ya ọzọ, mekwasị ya ọzọ.
"Ewu enweghị ike ịgbọ ụja ka nkịta, mana o nwere
ike ime ụzụ dịka ewu."

"I can also make a sound!" The kid was so excited.
"I can baaaa!" he shouted and Baaaed and baaaaaed
again and again.
"A goat may not bark like the dog but
he could bleat like a goat."

Nwa ewu jiri nke a mata na anụmanụ ọbụla dị
n'iche n'iche. Ewu bu ewu. Ọkụkọ
bụ ọkụkọ. Ọbọgwụ bụkwa ọbọgwụ.
Nkịta bụ nkịta. Nwamba bụ nwamba. Nwa ewu
nwere ike inwa ihe ọhụrụ dika iri elu, igwu
mmiri, iwuli elu na ime ụzụ ewu.
Mana ifeli elu? Mba. Ewu enweghị ike ifeli elu,
maka na onweghị nku.

The kid got to know that animals are different.
Goats are goats, chickens are chickens, ducks are
ducks,
dogs are dogs and cats are cats.
A kid could try out new skills like climbing, swimming,
hopping and bleating. But flying? No.
Goats cannot fly because they have no wings.

CPSIA information can be obtained
at www.ICGtesting.com
Printed in the USA
BVHW021839121120
593195BV00029B/505

9 788230 335680